Für

Von

No. 39
Schöner lesen!

MIX
Papier | Fördert gute Waldnutzung
FSC® C144853

ISBN 978-3-649-64594-8

Hafenweg 30, 48155 Münster, Germany
Illustrationen: © 2023 Marjolein Bastin
Grafische Gestaltung: Daniela Lengers, Laer
Redaktion: Kreativlektorat Daniela Vogel, Finnentrop

www.coppenrath.de

Marjolein Bastin

FRÖHLICHE WEIHNACHTEN

und ein gutes neues Jahr

COPPENRATH

O schöne, herrliche
Weihnachtszeit,
was bringst du
Lust und Fröhlichkeit!

HOFFMANN VON FALLERSLEBEN

Zeit für liebe Menschen: Mit den Menschen, die dir am Herzen liegen, gemütlich bei einem Teller Plätzchen zusammensitzen, einen lustigen Wichtelabend veranstalten oder dir Zeit nehmen für ein langes Telefonat – das gehört einfach zur Weihnachtszeit dazu.

WINTERABEND

Das Feuer knistert im Ofen,
hell lodert die rote Glut –
wir rücken dicht an die Flammen,
so plaudert und träumt sich's gut.

Hier innen trauliche Wärme
und süßer Maiblumenduft –
dort draußen das Flockengeriesel
und eisige Winterluft.

Leg noch ein Scheit zu den andern
und schüre die Flammenglut,
dann gib mir, Lieb, deine Hände –
so plaudert und träumt sich's gut.

LEON VANDERSEE

ERSTER SCHNEE

Aus silbergrauen Gründen tritt
ein schlankes Reh
im winterlichen Wald
und prüft vorsichtig, Schritt für Schritt,
den reinen, kühlen, frischgefallenen Schnee.

Und deiner denk ich, zierlichste Gestalt.

CHRISTIAN MORGENSTERN

DIE WEISSE WEIHNACHTSROSE

Wenn über Wege tief beschneit
der Schlitten lustig rennt,
im Spätjahr in der Dämmerzeit,
die Wochen im Advent,
wenn aus dem Schnee das junge Reh
sich Kräuter sucht und Moose,
blüht unverdorrt im Frost noch fort
die weiße Weihnachtsrose.

HERMANN LINGG

Wenn die Tage kürzer werden,
Städte und Dörfer in warme Lichter
getaucht sind und die ersten glitzernden
Flocken vom Himmel fallen –
dann ist Weihnachten.

Wintersalat mit Speckpflaumen

150 g Feldsalat · 1 Chicorée
1 kleiner Radicchio · 1 Granatapfel · 1 Orange
4 EL Honig · 2 EL Granatapfelsaft
2 EL Senf · Saft von ½ Limette
8 EL Olivenöl · Zimt · Chilipulver · Salz
Pfeffer · 8 getrocknete Pflaumen
16 Scheiben Speck

Feldsalat waschen, trocken schleudern und verlesen. Chicorée und Radicchio putzen und in feine Streifen schneiden.

Granatapfel öffnen (Krone abschneiden, Schale ringsum fünfmal einschneiden und die Frucht vorsichtig auseinanderbrechen) und die Kerne auslesen. Orange schälen und filetieren. Alle Zutaten auf einer Platte anrichten.

Für das Dressing Honig, Granatapfelsaft, Senf, Limettensaft, Olivenöl, Zimt, Chilipulver, Salz und Pfeffer sehr gründlich mischen oder mit dem Pürierstab mixen. Das Dressing über den Salat geben. Die Pflaumen mit je 2 Scheiben Speck umwickeln, in einer Pfanne in ca. 5 Min. rundherum braten und zum Salat servieren.

Erst wenn Weihnachten im Herzen ist,
liegt Weihnachten auch
in der Luft.

WILLIAM TURNER ELLIS

Es ist wirklich
ein Stück Wald ins Haus gekommen,
der Duft der Tannennadeln
zieht leise durch alle Räume.
Es ist Weihnachten!

MONIKA HUNNIUS

Bäume leuchtend,
Bäume blendend,
überall das Süße spendend.
In dem Glanze sich bewegend,
alt und junges Herz erregend –
solch ein Fest ist uns bescheret.

JOHANN WOLFGANG VON GOETHE

VON DEN TANNEN
TRÄUFELT MÄRCHENDUFT;
LEISE WEIHNACHTSGLOCKEN
SIND ERKLUNGEN.

OTTO ERNST

Es wird Weihnachten!

Mein ganzes Haus riecht schon
nach braunem Kuchen –
versteht sich nach Mutters Rezept –,
und ich sitze sozusagen schon seit Wochen
im Scheine des Tannenbaums.
Ja, wie ich den Nagel meines Daumens besehe,
so ist auch der schon halbwegs vergoldet.

THEODOR STORM

WEIHNACHTEN IN DER SPEISEKAMMER

Unter der Türschwelle war ein kleines Loch. Dahinter saß die Maus Kiek und wartete.

Sie wartete, bis der Hausherr die Stiefel aus- und die Uhr aufgezogen hatte; sie wartete, bis die Mutter ihr Schlüsselkörbchen auf den Nachttisch gestellt und die schlafenden Kinder noch einmal zugedeckt hatte; sie wartete auch noch, als alles dunkel war und tiefe Stille im Haus herrschte. Dann ging sie.

Bald wurde es in der Speisekammer lebendig. Kiek hatte die ganze Mäusefamilie benachrichtigt. Da kam Miek, die Mäusemutter mit den fünf Kleinen, und Onkel Grisegrau und Tante Fellchen stellten sich auch ein.

„Frauchen, hier ist etwas Weiches, Süßes", sagte Kiek leise vom obersten Brett herunter zu Miek, „das ist etwas für die Kinder", und er teilte von den Mohnpielen aus. „Komm hierher Grisegrau", piepste Fellchen und guckte hinter der Mehltonne vor, „hier gibt's Gänsebraten, vorzüglich, sag ich dir, die reine Hafermast; wie Nuss knuspert sich's." Grisegrau aber saß in der neuen Kiste in der Ecke, knabberte am Pfefferkuchen und ließ sich nicht stören. Die Mäusekinder balgten sich im Sandkasten und kriegten Mohnpielen. „Papa", sagte das größte, „meine Zähne sind schon scharf genug, ich möchte lieber knabbern, knabbern hört sich so hübsch an."

„Ja, ja, wir wollen auch lieber knabbern", sagten alle Mäusekinder, „Mohnpielen sind uns zu matschig." Und bald hörte man sie am Gänsebraten und am Pfefferkuchen. „Verderbt euch nicht den Magen", rief Fellchen, die Angst hatte, selber nicht genug zu kriegen. „An einem verdorbenen Magen kann man sterben." Die kleinen Mäuse sahen ihre Tante erschrocken an; sterben wollte sie ganz und gar nicht, das musste schrecklich sein. Vater Kiek beruhigte sie und erzählte ihnen von Gottlieb und Lenchen, die drinnen in ihren Betten lägen und ein hölzernes Pferdchen und eine Puppe im Arm hätten; und dass in der großen Stube ein mächtiger Baum stände mit Lichtern und buntem Flimmerstaat, und dass es in der ganzen Wohnung herrlich nach frischem Kuchen röche, der aber im Glasschrank stände, und an den man nicht herankönnte.

„Ach", sagte Fellchen, „erzähle nicht so viel, lass die Kinder lieber essen." Die aber lachten die Tante mit dem dicken Bauch aus und wollte noch viel mehr wissen, mehr als der gute Kiek selbst wusste. Zuletzt bestanden sie darauf, auch einen Weihnachtsbaum zu haben, und die zärtlichen Mäuseeltern liefen wirklich in die Küche und zerrten einen Ast herbei, der von dem großen Tannenbaum abgeschnitten war. Das gab einen Hauptspaß. Die Mäusekinder quiekten vor Entzücken und fingen an, an dem grünen Tannenholz zu knabbern; das schmeckte aber abscheulich nach Terpentin, und sie ließen es sein und kletterten lieber in dem Ast umher. Schließlich machten sie die ganze Speisekammer zu ihrem Spielplatz. Sie huschten hierhin und dorthin, machten Männchen, lugten neugierig über die Bretter in alle Winkel hinein und spielten Versteck hinter den Gemüsebüchsen und Einmachtöpfen; was sollten sie auch mit dem dummen Weihnachtsbaum, an dem es nichts zu essen gab! Als aber das Kleinste ins Pflaumenmus gefallen war und von Mama Miek und Onkel Grisegrau abgeleckt werden musste, wurde ihnen das Umhertollen untersagt, und sie mussten wieder artig am Pfefferkuchen knabbern.

Am nächsten Morgen fand die alte Köchin kopfschüttelnd den Tannenast in der Speisekammer und viele Krümel und noch etwas, was nicht gerade in die Speisekammer gehört, ihr werdet euch schon denken können was! Als Gottlieb und Lenchen in die Küche kamen, um der alten Marie guten Morgen zu wünschen, zeigte sie ihnen die Bescherung und meinte: „Die haben auch tüchtig Weihnachten gefeiert." Die Kinder aber tuschelten und lachten und holten einen Blumentopf. Sie pflanzten den Ast hinein und bekränzten ihn mit Zuckerwerk, aufgeknackten Nüssen, Honigkuchen und Speckstückchen. Die alte Marie brummte; da aber die Mutter lachend zuguckte, musste sie schon klein beigeben. Sie stellte alles andere sicher und ließ den kleinen Naschtieren nur ihren Weihnachtsbaum.

Die Kinder aber jubelten, als sie am zweiten Feiertag den Mäusebaum geplündert vorfanden und hätten gar zu gern auch ein Dankeschön von dem kleinen Volk gehört.

„Den guten Speck vergesse ich mein Lebtag nicht“, sagte Fellchen, und Grisegrau biss eine mitgebrachte Haselnuss entzwei; Kiek und Miek aber waren besorgt um ihre Kleinen, die hatten zu viel Pfefferkuchen gegessen, und ihr wisst, liebe Kinder, das tut nicht gut!

PAULA DEHMEL

Lebkuchen-Karamellbonbons

Ergibt ca. 50 Stück
200 g Zucker · 1 EL Traubenzucker
100 ml Ahornsirup · 200 g Sahne
2 EL Butter · 2 TL Lebkuchengewürz
1 TL fein abgeriebene Schale von
1 Bio-Orange

Den Zucker mit Traubenzucker, Ahornsirup und 50 ml Wasser in einem Topf verrühren. Bei starker Hitze aufkochen und bei mittlerer Hitze ca. 8 Min. kochen lassen, bis die Mischung goldbraun ist. Inzwischen die Sahne in einem zweiten Topf erhitzen, die Butter darin schmelzen lassen. Eine rechteckige, flache Form (ca. 12 x 18 cm) mit Backpapier auslegen. Die Buttersahne unter die goldbraune Zuckermasse rühren und alles

30-35 Min. kochen lassen, bis eine goldbraune Karamellmasse entstanden ist, dabei gelegentlich umrühren. Das Lebkuchengewürz und die Orangenschale untermischen. Die Karamellmasse ca. 1,5 cm hoch in die Form füllen und fest werden lassen. Lebkuchen-Karamell auf Backpapier stürzen und das Papier abziehen. Den Karamell in ca. 2 cm große Würfel schneiden.
Luftdicht verschlossen halten sich die Lebkuchenbonbons an einem kühlen Ort über 4 Wochen.

Zeit zum Schlemmen – das darf zu Weihnachten unbedingt sein.
Wer wartet nicht das ganzes Jahr auf die ersten Lebkuchen, Marzipankartoffeln und Spekulatius?! Genieße sie!

Ich will Weihnachten
in meinem Herzen ehren
und versuchen, es das ganze Jahr hindurch zu

bewahren.

CHARLES DICKENS

Zeit zum Beobachten: Gerade in der Zeit vor Weihnachten gibt es draußen vor dem Fenster viel zu sehen. Stell ein Vogelhäuschen auf oder häng eine Futterbox mit Haselnüssen an einen Baum – schon bald sind Eichhörnchen und Amsel Weihnachtsgäste in deinem Garten.

MORGEN,

KINDER,

WIRD'S WAS GEBEN!

MORGEN

WERDEN WIR UNS

FREUN!

WEIHNACHTSLIED

Ich habe da noch eine kleine, nur handgroße, Spieldose meines Vaters. Die zog er immer am Weihnachtsabend auf und ließ sie unter dem lichterbesteckten Tannenbaum spielen. Ihm und mir machte es viel Freude, durch den Glasdeckel ins Innere der Dose zu schauen und der kleinen Messingwalze da drinnen zuzusehen, die mit winzigen Stahlstacheln besetzt ist und die sich dreht und mit den Stacheln die Melodie an feinen Stahlzungen anschlägt. Ich lasse gern diese feinen stählernen Zungen noch heute für mich singen.

MAX DAUTHENDEY

Durch alle Fenster
strömt festliche Helle in die Nacht hinaus.
Es ist, als fühle man da,
wo der Christbaum angezündet wird,
wo Menschen Weihnachtslieder singen
und Kinder jubeln,
die Heimatwärme und gemeinsame Freude
bis tief ins Herz hinein.

INGEBORG MARIA SICK

Zeit für Musik: Es müssen ja nicht nur die altbekannten Klassiker sein, aber ein wenig heimelige Weihnachtsmusik, die leise im Hintergrund spielt, wärmt das Herz.

Apple Crumble mit Zimtsahne

Für den Crumble:
100 g Dinkelvollkornmehl
50 g kernige Haferflocken
50 g gehackte Mandeln
100 g brauner Zucker · 1 Pck. Vanillezucker
80 g Butter, zerlassen · 4 Äpfel
1 große Handvoll Rosinen
3 EL Zitronensaft · ½ TL Zimt
1 Prise Salz

Für die Zimtsahne:
100 ml Sahne · ½ Pck. Vanillezucker
150 g Crème fraîche · ¼ TL Zimt

Den Backofen auf 200 °C vorheizen. Für den Crumble Mehl, Haferflocken, Mandeln, 60 g Zucker und Vanillezucker mischen. Butter zugießen und alles mit den Händen zu Streuseln zerbröseln. Äpfel schälen, entkernen, würfeln und mit den Rosinen, dem übrigen Zucker, Zitronensaft, Zimt und Salz mischen. Das Obst in eine feuerfeste Form geben. Die Streusel darauf verteilen und in ca. 30 Min. im Ofen goldbraun backen.

Für die Zimtsahne die Sahne steif schlagen und zum Ende hin den Vanillezucker einrieseln lassen. Crème fraîche mit Zimt cremig verrühren und die Sahne behutsam unterziehen. Kaltstellen und zum ofenwarmen Crumble servieren.

Weiß sind Türme, Dächer, Zweige,
und das Jahr geht auf die Neige,
und das schönste Fest ist da.

THEODOR FONTANE

Auszeit in der Natur: Es schneit! Nichts wie raus in die weiße Pracht. Genieße das Knirschen unter deinen Stiefeln, die kühle Berührung auf deiner Nasenspitze und streck einfach mal die Zunge heraus, um einige der glitzernden Flocken aufzufangen.

ERWARTUNG

Die Kindlein sitzen im Zimmer
– Weihnachten ist nicht mehr weit –
bei traulichem Lampenschimmer
und jubeln: „Es schneit, es schneit!“

Das leichte Flockengewimmel,
es schwebt durch die dämmernde Nacht
herunter vom hohen Himmel
vorüber am Fenster so sacht.

Und wo ein Flöckchen im Tanze
den Scheiben vorüberschweift,
da flimmert’s in silbernem Glanze,
vom Lichte der Lampe bestreift.

KARL GEROK

Nach Hause kommen,
das ist es,
was das Kind von Bethlehem allen schenken will,
die weinen, wachen und wandern
auf dieser Erde.

FRIEDRICH VON BODELSCHWINGH

VOM CHRISTKIND

Denkt euch, ich habe das Christkind gesehn!
Es kam aus dem Walde, das Mützchen voll Schnee,
mit rotgefrorenem Näschen.
Die kleinen Hände taten ihm weh;
denn es trug einen Sack, der war gar schwer,
schleppte und polterte hinter ihm her –
was drin war, möchtet ihr wissen?
Ihr Naseweise, ihr Schelmenpack,
meint ihr, er wäre offen, der Sack?
Zugebunden bis oben hin!
Doch war gewiss etwas Schönes drin:
Es roch so nach Äpfeln und Nüssen!

ANNA RITTER

Fast überall auf der weiten Welt darf dieses Fest in das Haus hineinschlüpfen und große und kleine Lichter anzünden. Ja, es darf wohl auch tiefer eindringen in Herz und Gemüt, wo es den einen oder anderen sonst wohlverschlossenen Winkel aufleuchten lässt.

INGEBORG MARIA SICK

Zeit für weihnachtliches Flair:
Ein leuchtender Stern hier, ein Adventskranz dort – etwas weihnachtliche Dekoration verbreitet eine gemütliche, warme Stimmung.

O du schöne Weihnachtszeit,
wie hab ich dich doch so lieb.

PETER ROSEGGER

Die Liebe
soll die Welt regieren
und Weihnacht zeigt, dass sie's vermag.

LOUISE OTTO

Wenn einer dem anderen Liebe schenkt,
wenn die Not des Unglücklichen gemildert wird,
wenn Herzen zufrieden und glücklich sind:
Dann ist Weihnachten.

WEIHNACHTSLIED AUS HAITI

SCHENKE

MIT GEIST OHNE LIST.

SEI EINGEDENK,

DASS DEIN GESCHENK

DU SELBER BIST.

JOACHIM RINGELNATZ

Vielleicht bedeutet Liebe,
dass man die Hände so
voller Geschenke hat,
dass man sie nicht mehr ausstrecken kann,
um ein Geschenk entgegenzunehmen.

ELIZABETH BARRETT-BROWNING

Wenn es uns tief im Herzen erfreut, einem anderen Menschen eine Freude zu bereiten, wenn wir danken und verzeihen können – dann ist Weihnachten.

Und wieder nun lässt aus dem Dunkeln
die Weihnacht ihre Sterne funkeln!
Die Engel im Himmel hört man sich küssen
und die ganze Welt riecht nach Pfeffernüssen …

So heimlich war es die letzten Wochen,
die Häuser nach Mehl und Honig rochen,
die Dächer lagen dick verschneit
und fern, noch fern schien die schöne Zeit.
Man dachte an sie kaum dann und wann.
Mutter teigte die Kuchen an
und Vater, dem mehr der Lehnstuhl taugte,
saß daneben und las und rauchte.
Da plötzlich, eh man sich's versah,
mit einem Mal war sie wieder da.

Mitten im Zimmer
steht nun der Baum!

Man reibt sich die Augen und glaubt es kaum ...
Die Ketten schaukeln, die Lichter wehn,
Herrgott, was gibt's da nicht alles zu sehn!
Die kleinen Kügelchen und hier
die niedlichen Krönchen aus Goldpapier!
Und an all den grünen, glitzernden Schnürchen
all die unzähligen, kleinen Figürchen.

Über uns kommt es wie ein Traum,
ist nicht die Welt heut ein einziger Baum,
an dem Millionen Kerzen schaukeln?
Alte Erinnerungen gaukeln
aus fernen Zeiten an uns vorüber
und jede klagt: Hinüber, hinüber!
Und ein altes Lied fällt uns wieder ein:
O selig, o selig, ein Kind noch zu sein!

ARNO HOLZ

WEIHNACHTSMARKT

Anstatt der warmen Sonne scheint
das Rauschgold durch die Wipfel;
hier backt man Kuchen, dort brät man Wurst,
das Räuchlein zieht um die Gipfel.

GOTTFRIED KELLER

Adventliche Auszeit: Reserviere dir in deinem Kalender an ein paar Tagen im Advent einige Stunden nur für dich. Ob du die Zeit dann für einen gemütlichen Weihnachtsmarktbummel nutzt, für eine heiße Schokolade und ein gutes Buch vor dem Kamin oder für etwas ganz anders, entscheidest du spontan.

Orange-Zimt-Spritz

½ Bio-Orange · Eiswürfel · 4 Zimtstangen
4 EL Orangensirup
200 ml trockener Weißwein · 200 ml Sekt

Orange heiß abwaschen und 4 dünne Scheiben abschneiden. Eiswürfel, Zimtstangen, Orangenscheiben und je 1 EL Orangensirup auf 4 Weingläser verteilen. Mit Weißwein und Sekt auffüllen.

Cranberry-Martini

140 ml Wodka · 50 ml Cranberrysaft
50 ml Limettensaft · Eiswürfel
4 Zweige Rosmarin

Wodka, Cranberry- und Limettensaft mit Eiswürfeln in einen Shaker geben, schütteln und in 4 Martinigläser abseihen. Mit Rosmarin dekorieren.

CHRISTKINDCHEN

Wo die Zweige am dichtesten hangen,
die Wege am tiefsten verschneit,
da ist um die Dämmerzeit
im Walde das Christkind gegangen.

Es musste sich wacker plagen,
denn einen riesigen Sack
hat's meilenweit huckepack
auf den schmächtigen Schultern getragen.

Zwei spielende Häschen saßen
geduckt am schneeigen Rain.
Die traf solch blendender Schein,
dass sie das Spielen vergaßen.

Doch das Eichhorn hob schnuppernd die Ohren
und suchte die halbe Nacht,
ob das Christkind von all seiner Pracht
nicht ein einziges Nüsschen verloren.

ANNA RITTER

Wenn die Küche zur Weihnachtsbäckerei wird und das ganze Haus nach Plätzchen duftet – dann ist Weihnachten.

UM DIE WEIHNACHTSZEIT

Erwachsene Leute sprechen oft lange darüber, wie viel sie um die Weihnachtszeit zu tun haben, und bedenken gar nicht, dass die Kinder noch sehr viel mehr Arbeit und Nachdenken zum Fest nötig haben als die Großen. Sie haben sich erstens so viel zu wünschen und dann auch noch darüber nachzugrübeln, wozu sie alles, was sie haben möchten, nachher verwenden können.
Große Leute wünschen ja nicht halb so viel wie die Kinder. Ihnen gehen eben nicht alle Wünsche in Erfüllung, und weil sie dies wissen, wünschen sie sich manchmal gar nichts mehr. Dies aber kann kein Mensch ändern, und jedenfalls wird es kein Kind hindern, sich jeden Tag vor Weihnachten mehr zu wünschen.

So machten es auch mein Bruder Jürgen und ich, wenn wir dem Weihnachtsfest entgegensahen; und wir lächelten mitleidig, wenn uns andere Ansichten entgegentraten.

„Kinder müssen immer bescheiden sein!“, sagte eine von unseren Tanten. Sie hielt es für ihre Pflicht, uns tagtäglich zu erziehen, während wir die Notwendigkeit dieser Erziehung nicht einsehen konnten. Wenn sie ihre Weisheit von sich gab, dachten wir uns schnell noch einige Wünsche aus, und das Dokument, das wir mit dem bescheidenen Namen Wunschzettel belegten, vergrößerte sich alle Tage.
Vor dem Weihnachtsfest, von dem ich jetzt erzählen will, bestand mein Wunschzettel aus verschiedenen zusammengestellten Papierbogen.
Zuerst hatte ich gar nicht so viele Wünsche, allmählich aber, bei eifrigem Nachdenken, kamen sie über mich, und wenn ich auch manchmal einen Gegenstand durchstrich, so traten an seine Stelle immer zwei andere.
Mein erster Wunsch, dessen Erfüllung mir sehr am Herzen lag, war ein lebendiges Lamm, das aber nicht größer werden dürfte. Leider sagte man mir,

dass diese Bedingung schwer zu erfüllen sei: Aus Kindern würden Leute, und aus Lämmern Schafe. Nach langem Besinnen entschloss ich mich also, diesen Wunsch zu streichen und einen sprechenden Papagei an seine Stelle zu setzen. Ein mit uns Kindern sehr befreundeter Schiffskapitän besaß nämlich ein solches Tier. Es war grün von Farbe, konnte Deutsch und Spanisch sprechen, wie ein Hund bellen und wie eine Katze miauen.

Wir wussten genau, dass ein so begabter Vogel viel zu unserem irdischen Glück beitragen würde. Wir wollten ihm einen Käfig verschaffen, dann müsste er sich eine Papageiin suchen und viele Jungen bekommen, die wir dann verkaufen wollten. Auf diese Weise konnten wir mit großer Geschwindigkeit reich und wahrscheinlich auch berühmt werden. Denn

eine Papageienfamilie von solcher Fruchtbarkeit, wie die unsere haben würde, hatte noch kein Mensch auf der ganzen Insel.

Bei dieser Sache war übrigens viel zu bedenken. Sollte der Käfig lackiert oder von Messing sein, und ging es an, dass alle kleinen Papageien „Lora" hießen, wie der große vom Kapitän? Diese Fragen verdienten, dass man ihnen ernstlich nähertrat, und wir bedauerten sehr, nicht viel Zeit zum Nachdenken zu haben.

Wir hatten nämlich so viel mit unserem Weihnachtslied zu tun! Nicht allein, dass wir es auswendig lernen und am Heiligen Abend unserem Vater hersagen mussten, wir waren auch genötigt, das Lied abzuschreiben, und zwar so schön wie möglich.

CHARLOTTE NIESE

Glückliche,
glückliche Weihnacht, die uns die Träume unserer Kindertage zurückbringt, die den alten Mann an die Freuden seiner Jugend erinnert und die den Reisenden wieder an den eigenen Kamin und nach Hause führt.

CHARLES DICKENS

Das stille Haus war plötzlich
voll Lachen und Singen,
und Weihnachtsfreude füllte es.

MONIKA HUNNIUS

Mir ist das *Herz*
so froh erschrocken,
das ist die liebe Weihnachtszeit!

THEODOR STORM

Wenn Familien zusammenkommen, eine Umarmung leichtfällt und alle Sorgen in den Hintergrund treten – dann ist Weihnachten.

Und wenn auch nichts mehr
auf Erden wär:

Es blieben die Sterne in dunkler Nacht,
es blieben die Berge in weißer Pracht,
es blieb der selige Kindertraum
vom Gabentisch und vom Tannenbaum.

Es blieb Weihnachten!

PAUL KELLER

Weihnachten!
Welch ein Zauber liegt in diesem Wort! Mir ist es immer, als öffnete sich damit der Blick in den Sternenhimmel, und die Freude funkelte herab, auch in die Dunkelheit trüber Zeiten.

MONIKA HUNNIUS

JEDES MAL,

WENN IHR

EINANDER ANSEHT

MIT DEN AUGEN

DES HERZENS,

MIT EINEM LÄCHELN

AUF DEN LIPPEN,

IST WEIHNACHTEN.

AUS BRASILIEN

Ich fühl's,
ein Wunder ist
geschehn.

THEODOR STORM